LA
DETTE PORTUGAISE

Protèt contre le contrat projeté

et

Proposition pour le rétablissement

des finances

par

Max Hausmeister

Délégué extraordinaire aux conférences à Paris 1892.

STUTTGART.

Imprimerie Strecker & Moser.

LA

DETTE PORTUGAISE

Protèt contre le contrat projeté

et

Proposition pour le rétablissement

des finances

par

MAX HAUSMEISTER

Délégué extraordinaire aux conférences à Paris 1892.

— ✦ —

STUTTGART.

Imprimerie Strecker & Moser.

Avant-propos.

Les pertes enormes causées aux porteurs de la dette extérieure par la mauvaise administration des finances et la déclaration du ministère, que les recettes du royaume ne suffisent plus à payer intégralement les intérêts, a engagé déjà l'année dernière les obligationaires en France, Angleterre, Allemagne, Pays-Bas et Belgique, á former des comités pour la protection de leurs intérêts.

Les propositions du gouvernement portugais faisant une mauvaise impression, les comités sentaient la nécessité, de se réunir pour délibérer de la situation et s'assemblaient à Paris pour une conférence préliminaire.

La première question etait celle, si et eventuellement sur quelle base, on devait traiter avec le gouvernement portugais. — Quoique les propositions du gouvernement ne fussent pas satisfaisantes et exigaient de differentes améliorations, on s'entendait à entrer néanmoins en négociations et à inviter le gouvernement portugais à déléguer à Paris un plénipotentiaire.

La manière dans laquelle ces délibérations ont été faites, les résultats obtenus, les raisons, pourquoi le gouvernement portugais, quoique toutes ses propositions aient été finalement approuvées par les comités, a refusé leur ratification, le mauvais traitement des créancier s de la dette extérieure, l'état actuel de la situation et la voie

par laquelle une amélioriation de la position financière
de Portugal et aussi bien une meilleure situation pour
les créanciers peuvent être obtenues, seront démontrés
par l'étude présente.

Le contrat projeté du gouvernement portugais et des
comités protège seulement les o b l i g a t i o n s d e s t a b a c s,
quoique leur priorité, étant une violation des promesses
données à la dette 3% extérieure n'e x i s t e p a s d e
d r o i t; il sacrifie les droits de l'entière autre dette extérieure d'une manière terrible et scandaleuse, en redui-
sant leur intérêt à un tiers. Il faut donc que les porteurs d'obligations de la dette extérieure protestent de
suite contre un tel tort affreux et défendent leurs droits
d'une manière tout-à-fait énergique.

Stuttgart, Mai 1893.

Max Hausmeister.

Die Broschüre ist französisch geschrieben, weil sie sonst in
Frankreich, Belgien und Portugal nicht verstanden würde, und weil
auch in England die Kenntnis des Französischen verbreiteter wie die
des Deutschen ist, während in Deutschland der größte Teil der Be-
sitzer und alle sie besprechenden Zeitungen für ihr Verständnis ge-
nügend französisch können.

Cette brochure est écrite en français, parcequ'autrement elle
ne serait pas assez comprise en Portugal, France et Belgique et
parcequ'aussi en Angleterre la connaissance du français est plus
répandue que du l'allemand, tandis que en Allemagne la plupart
des personnes intéressées et des journaux respectifs savent suffisamment aussi la langue française.

Premières propositions du gouvernement portugais dans leur contenu essentiel.

a) Réduction des intérêts de la dette extérieure à 50 %
avec une augmentation

à 55 % après 5 ans
„ 60 % „ 5 „ ultérieurs $\Big\}$ en or
„ 80 % a partir de l'an 1907

b) l'amortissement de la dette 4 % et 4 ¹/₂ % au pair en or par sort, comme stipulé dans les titres, sera maintenu.

c) émission d'un nouvel emprunt pour la liquidation de la dette flottante, pour solder le déficit pour 1891/92, le rétablissement de la valeur des billets de la banque et pour payer les intérêts réduits de la dette extérieure pendant les deux années suivantes d'une somme totale de 100 millions de francs, remboursable pendant 15 ans par une annuité de 10 millions francs environ, et avec la condition qu'après le remboursement de cet emprunt cette annuité doit être employée pour l'augmentation à 80 % de l'intérêt de la dette extérieure, comme désignée déjà sous chiffre a.

d) Consignation des recettes de la douane avec un résultat estimé à 14 millions de milreis (77 millions de francs, si la valuta portugaise était rétablie) comme garantie pour la dette, savoir:

en premier rang pour l'emprunt nouveau mentionné sous chiffre b.

en second rang pour la dette extérieure

en troisième rang pour la dette intérieure.

Examination de la capacité du Portugal
de payer ses intérêts.

Déjà avant la conférence de Paris, les comités
allemands, français et hollandais avaient envoyé des réprésentants à Lisbone, pour consulter avec le gouvernement
portugais, étudier l'état des choses et pour rapporter alors
à leurs mandataires.

L'avis de ces Messieurs, savoir:

Monsieur le directeur Andreä de Frankfort,

    „   Benart, banquier de Paris,

    „   Sprenger van Eyck, ancien ministre des
           colonies des Pays-Bas

était d'unanimité que le Portugal ne pouvait pas payer
maintenant les intérêts entiers, que l'administration des
ministères passés avait été funeste, que la crise du Brésil
avait causé de grands inconvénients au commerce du
Portugal et que par conséquent une convention entre le
gouvernement et la dette extérieure était à recommander.

On trouvait, que les propositions du gouvernement
pourraient servir de base, parcequ'elles réconnaissaient
expressement, que la valeur entière du capital serait
à maintenir, de même que l'amortissement au pair, stipulé
pour la dette 4 % et 4¹/₂ % et que seulement une réduction temporaire de l'intérêt devait être imposée aux porteurs des titres. Toutefois il y avait plusieurs conditions

importantes, sur lesquelles on ne pouvait pas s'entendre de suite, savoir :

1) si une réduction aussi grande pourrait être approuvée;

2) si on devait permettre au nouvel emprunt la priorité avant la dette existante ;

3) s'il n'avait pas lieu de stipuler un meilleur traitement proportionel pour la dette $4\frac{1}{2}$, que pour la dette 3% extérieure, vu que la première n'avait été émise que 4 ans avant, à $95\% - 97\frac{5}{8}\%$ avec l'assurance portugaise, que les finances étaient en bon ordre, tandis que le prix démission de la plupart des emprunts à 3%, ne dépassait pas 50%, de manière que pour deux obligations à 3% le gouvernement n'a pas reçu plus que pour une obligation à $4\frac{1}{2}\%$, et parceque les 3% avaient aussi profité pendant longtemps d'un haut taux d'intérêts ;

4) quelles garanties effectives doivent être demandées pour la consignation des recettes des douanes, en faveur des réprésentants de la dette extérieure.

La considération mentionnée par No. 3 a été vivement récommandée par moi même avec l'aide des autres réprésentants allemands mais rien de définitif n'était décidé en aucun de ces 4 points, car il s'agissait d'abord seulement d'un échange des points de vue. La seule résolution prise, était, d'inviter le gouvernement portugais à envoyer un réprésentant à Paris, pour entrer alors dans des négociations définitives.

Négociations.

Pour les négociations à Paris fut alors envoyé par le gouvernement portugais Monsieur A. de Serpa Pimentel, ancien président du conseil des ministres, qui, en se présentant, excusait l'état triste des finances de son pays par la crise du Brésil, laquelle empêchait la remise de sommes, dûes aux commerçants et aux rentiers de Lisbone et d'autres places du royaume.

Après plusieurs jours de délibération, la résolution fut prise d'accepter les propositions du gouvernement portugais, mais avec les conditions suivantes:

a) augmentation des payements des intérêts

après 5 ans non seulement à 55, mais à 60 % ⎫ payable
„ 10 „ „ „ „ 60, „ „ 70 % ⎬ en or
„ 15 „ 80 % ⎭

tandis qu'après le remboursement de l'emprunt des tabacs de 1891, c'est à dire: au plus tard à partir de 1926 les taux d'intérêt stipulés d'origine seraient à payer intégralement sur la dette extérieure.

b) l'amortissement des obligations à 4 % et à 4 $\frac{1}{2}$ %, c'est à dire leur remboursement au pair en or, sera maintenu.

c) les sommes nécessaires pour le service de la dette extérieure, garanties par les recettes de douane, seront placées hebdomadairement directement à la disposition d'une commission financière, réprésentant les porteurs, et seront remises par cette commission directement aux établissements ou banquiers, actuellement chargés du service de la dette portugaise à l'étranger.

Monsieur de Serpa Pimentel, ne se trouvant pas autorisé, d'accepter définitivement ces conditions, promit de les communiquer à son gouvernement, afin qu'elles puissent être considérées par le conseil des ministres et une décision soit prise, ce qui nécessitait un ajournement des conférences.

Mais le gouvernement n'acceptait pas ces propositions, au contraire il déclarait, qu'il n'avait pas les moyens pour augmenter les intérêts de 55 à 60 et de 60 à 70°/o et qu'il ne pouvait pas consentir à une commission financière constituée par les comités étrangers fonctionnants à Lisbone, parceque ceci serait une offense grave faite au sentiment national portugais. Le gouvernement donc proposait une nouvelle négociation, qui commençait dans les premiers jours du Mai. Mais dans l'intervalle la situation financière en Portugal s'était empirée de manière que les comités approuvaient avec grande majorité à ne plus persister sur l'augmentation demandée des intérêts, de 5°/o et 10°/o et à altérer la destination de la commission financière d'une manière, qui ne devait pas froisser la sensibilité nationale portugaise. Mais c'était précisément ce point qui causait la plus grande difficulté et le gouvernement portugais répondait à toutes les propositions des comités par de nouvelles objections.

De plus le crédit du Portugal s'était en attendant tellement empiré que pour le nouvel emprunt on ne pouvait s'attendre à un cours de plus de 75°/o, de manière qu'un emprunt de 100 millions effectifs remboursable en 15 ans faisait nécessaire une annuité de 12 au lieu de 10 millions de francs.

Ces circonstances imposaient de nouveau un ajournement des conférences et enfin le 24. Mai le contrat suivant fut accepté:

1) les intérêts de la dette extérieure seront payés en or:

dans les premiers 5 ans à 50 %

„   „ 5 ans suivants „ 55 %

„   „ „ „   „   „ 60 %

alors jusqu'à 1926   „ 80 %

$\Bigg\}$ du taux primitif.

Quand l'annuité de l'emprunt, dit des tabacs, de 1891 déviendra libre, c'est à dire à partir de 1926 au plus tard, l'intérêt devra être rétabli à son taux primitif.

Cette progression est le minimum que le gouvernement garantit aux porteurs de la dette; si le produit des douanes dépassait le chiffre de 14000 contos, la moitié de cet excédant sera appliquée à de nouvelles augmentations des intérêts de la dette extérieure estampillée, et si le taux de l'impôt de la dette intérieure était réduite, la dette extérieure devait en profiter dans les mêmes proportions.

2) l'amortissement des obligations 4 % et 4½ % en or au pair continuera à fonctionner conformément au tableau déjà établi.

3) A la garantie pour tous ces engagements au profit de la dette extérieure actuelle le gouvernement affecte spécialement

a) les revenues des douanes,

b) l'annuité attribuée à l'emprunt de 1891, dit des tabacs, aussitôt que cette annuité deviendra libre, et au plus tard en 1926.

4) Pour la bonne exécution de cette convention et en vue de donner aux créanciers des garanties sérieuses pour l'avenir, le gouvernement s'engage à faire prélever et consigner hebdomadairement sur les recettes des douanes, qui seront publiées à la fin de chaque semaine dans son journal officiel, les

sommes nécessaires en or au service des intérêts et de l'amortissement de la dette extérieure.

Pour encaisser ces sommes, que le gouvernement devra prélever et consigner hebdomadairement, le comité permanent composé, par

le council of Foreign Bondholders de Londres,

la Vereeniging voor den Effectenhandel d'Amsterdam,

le comité Belge,

la Bank für Handel und Industrie de Berlin,

l'Association des porteurs français de valeurs etrangères de Paris,

aura le choix entre les deux modes de procéder, suivants :

a) à effectuer les versements hebdomadaires y compris tous les frais de transfert, change etc. à Lisbone par le gouvernement au credit des porteurs de la dette extérieure estampillée, à une telle banque, société ou établissement portugais, que le comité permanent nommera avec faculté de remplacement à toute époque dans les mêmes conditions,

b) le gouvernement remettra au début de chaque trimestre aux établissements de banque ou banquiers, que déleguera le comité permanent, chargé du service de la dette à l'étranger, des bons ou traites créés par le gouvernement à valoir sur les recettes des douanes, payables à Lisbone en or. Le montant de chaque traite hebdomadaire sera egal à la 52^{ieme} partie de la somme totale, frais compris.

5. Si pour assurer le payement en or des coupons de

la dette extérieure pendant les premières anneés sans aggraver le cours du change et pour réconstituer l'encaisse métallique de la Banque Nationale de Portugal le gouvernement portugais contrahait un emprunt, la somme annuelle, nécessaire au service des intérêts et de l'amortissement, serait prélevée par priorité sur le revenu des douanes. Il est entendu que l'annuité destinée à ce service ne devra pas dépasser 12 120 000 francs et qu'elle ne sera prélévée sur les recettes de douanes que pendant 15 ans seulement, à partir du 1. Juillet 1892. Après l'amortissement de cet emprunt le montant de l'annuité sera employé à augmenter l'intérêt de la dette extérieure estampillée de 60 à 80 °/o comme déjà indiqué.

Mais le gouvernement portugais n'a pas ratifié cette convention, quoiqu'elle avait été stipulée conformément à ses propres propositions et quoiqu'elle aurait donné de grandes facilités au royaume; il a proclamé comme motif de son refus, qu'il prévoyait sûrement l'insuffisance, à remplir même ces obligations modérées et qu'après deux ans, savoir après consommation du nouvel emprunt il aurait de nouveau à déclarer l'impossibilité de continuer les payements fixés. Dès le 1er Juillet 1892 le gouvernement portugais a seulement payé un tiers des intérêts à la dette extérieure, contre laquelle mesure les obligationaires ont protesté, demandé et reçu des certificats, déclarants, qu'ils se sont reservés tous leurs droits pour les deux tiers non payés. Mais on n'entend rien, que le gouvernement portugais fait des arrangements

pour honorer ces certificats ou à augmenter son payement, au contraire on disait, qu'il déclare que pour payer
même ce tiers il faudrait faire une déduction à l'emprunt
des tabacs, ou autrement réduire ce tiers à un quart
des intérêts primitifs de la dette extérieure.

Contre cet état des choses, les créanciers de la dette
se trouvent dans la nécessité, de défendre avec toute
énergie leurs intérêts.

La dette portugaise.

Selon la communication officielle de Monsieur de
Serpa Pimentel, la dette portugaise extérieure se monte
en sommes approximatives:

Rente 3%, capital 1204 mill. de francs, intérêts
    primitifs par an . . . . francs 36,124,000.
Dette amortissable 4$\frac{1}{2}$%, 444 mill. de francs,
    intérêts primitifs par an . . . . . „ 19,943,000.
Dette amortissable 4% 62 mill. de francs . . „ 2.486,000.
                                 francs 58,553,000.

   La dette intérieure 3% environ
1207 mill. de francs . . . . „ 36,210,000.
                                   francs 94,763,000.

   Emprunt de tabacs:
4$\frac{1}{2}$% de millions 250 avec une annuité pen-
    dant encore 33 ans de . . . . . . francs 14,252,000.
Amortissement stipulé de la dette extérieure
    à 4% et 4$\frac{1}{2}$% environ . . . . . „ 1,250,000.
                                 francs 110,265,000.

dans lequel montant la somme annuaire, nécessaire pour
la dette flottante, indiquée dans le budget par 2,821,000
milreis, n'est pas comprise, parceque les déterminations
du payement de cette dette manquent de clarté aussi long

que les engagements avec la Banque Nationale de Portugal ne sont pas reglés définitivement.

Avant tout il faut maintenant se poser la question, si — et si non complètement — jusqu'à quel dégré le Portugal est capable à remplir ses obligations. — Tâchons d'éclairer cette question aussitôt que c'est possible.

Le budget de 1892/93 indique:

le montant des recettes environ par . . . . milreis 46,724,000.
et le montant des dépenses environ . . . . „ 48,018,000.
ce qui fait un déficit de . . . . milreis 1,294,000.

ou environ 7 millions de francs, mais il faut y considérer que l'impôt foncier se monte seulement à 3,107,000 milreis, ce qui est une somme très petite pour un pays de 9275 Kilomètres quarrés et aussi que l'impôt sur l'alcohol se monte seulement à 400,000 milreis, de manière qu'une taxation juste de ces deux objets suffirait pour convertir cette insuffisance dans un surplus. Si jusqu'à présent les recettes n'ont pas toujours rapporté les sommes préliminaires et si les dépenses les ont souvent depassés, cela pourrait être changé d'une manière satisfaisante par une stricte économie dans les dépenses, par une honnête administration des taxes et des impôts comme par un contrôle exact dans le ministère des finances.

On peut donc voir, que la situation financière n'est pas si triste, comme on la peint et qu'avec l'énergie nécessaire et par de mesures prudentes les choses peuvent s'améliorer de beaucoup. — Le Portugal est si éloigné des grandes puissances européennes et de leurs conflits, et sa paix vraisemblabement si assureé, qu'il peut réduire considérablement ses dépenses militaires et maritimes.

Les ressources du pays sont capables d'un grand dévéloppe-ment, si les mesures propres sont employées. — Le Portugal peut et doit aussi vendre ces colonies, qui ne donnent aucun profit ni à l'état ni à l'industrie ou commerce, et les dépenses desquelles en dépassent les revenues. — La monnaie jusqu'ici inutilement dépensée pourrait être employée avec des résultats beaucoup plus favorables pour l'amélioration de l'agriculture et de l'industrie indigène. L'émigration portugaise a la meilleure occasion d'aller au Brésil, pays immense de la même nationalité, avec de plus grandes ressources que la plupart des colonies portugaises de l'Afrique ou de l'Asie; les Portugais trouvent en Brésil de si nombreux compatriotes, un commerce si développé, tant d'occassions pour l'exercice de leur industrie, que les chances paraissent beaucoup plus grandes que dans les colonies portugaises peu dévéloppées et trop eloignées, qui sont prèsque sans valeur effective pour les intérêts du Portugal, mais un lux trop couteux pour un état de 5 millions d'habitants.

Le budget portugais s'élève à francs 55 par habitant contre „ Français de „ 99 „ „
et la dette en Portugal par habitant à frs. 700 contre une „ „ France „ „ de „ 800.
Or il n'est pas vrai, que le Portugal soit incapable dans le dégré prétendu, à remplir ses obligations. Mais cependant, je ne crois pas, qu'il á présent puisse payer ses intérêts intégralement aux taux primitif, parceque l'ordre et l'équilibre de ses finances ne sont pas encore reglées suffisamment, les ressources du pays pas assez développées et parcequ'une très grande partie de la dette se trouve dans l'étranger payable en or, que le gouvernement peut

acheter seulement avec une grande prime, ce qui constitue une charge additionelle aussi long que la valuta portugaise n'est pas rétablie.

Les droits et le payement de la dette.

Les obligations de la dette extérieure 4 % et 4¹/₂ % contiennent la stipulation suivante :

que le payement des coupons s'effectuera s a n s f r a i s et s a n s d é d u c t i o n quelconque

(That the coupons shall be paid w i t h o u t a n y e x p e n s e o r d e d u c t i o n of any kind)

et celles des emprunts 3 %. imprimé vers la fin de la face, celle, que ces bonds ont et auront droit d'hypothèque sur tous les revenus du Trésor Public du Portugal

(That these bonds held a mortgage right over all the revenues of the Public Treasury of Portugal).

Mais cependant le gouvernement portugais dès le 1ᵉʳ Juillet 1892 leur a payé seulement 33¹/₃ %, tandis qu'il a payé les coupons de la dette intérieure à 70 % en papier ou environ 57 % en or, de manière qu'il paie au créanciers indigènes présque le double de ce, qu'on donne aux porteurs de la dette extérieure, ce qui est un tort si grave, qu'on n'a jamais vu une pareille chose dans l'histoire financière de toute l'Europe. — Si les ressources d'un pays ne suffissent pas, à remplir complètement ses obligations c'est la dette intérieure qui doit souffrir la déduction principale, et par conséquent on peut demander de tout droit que la déduction sur la dette étrangère ne doit pas être aussi grande, que celle sur la dette intérieure.

L'offre du gouvernement portugais, de convertir la dette extérieure dans la dette intérieure, ne peut nullement excuser cette violation, parceque le gouvernement portugais sait très bien, que les créanciers étrangers ne veulent, ni peuvent accepter une pareille proposition, parceque la dette intérieure n'est ni cotée, ni admise aux grandes bourses européennes.

L'emprunt de 1891, dit des tabacs, a été payé jusqu'à présent en or sans déduction, mais on entend comme rumeur que maintenant le gouvernement voulait payer à tous les titres de la dette intérieure et extérieure, y compris l'emprunt des tabacs, seulement l'unique taux de 60% en papier, contre laquelle mesure les représentants du dernier emprunt protesteront, parceque 60 % en papier au cours actuel reviennent seulement à 50 % en or.

Il faut donc considérer, si en effet les obligations de l'emprunt de tabac doivent accepter une pareille déduction et le payement en papier. — Leurs représentants peuvent dire, qu'ils ont pour gage spécial, les revenus des tabacs et que le trésor portugais, tant que ce revenu est suffisant pour payer l'annuité stipulée, n'a pas le droit, de les traiter comme les autres créanciers.

Mais la grande question est celle, si le gouvernement avait encore le droit, de leur donner un gage sur les tabacs ou sur quelconque autre revenu spécial, parceque c'est une grave violation contre le droit des obligations à 3%, qui contiennent la stipulation, que ces bonds ont et auront droit **d'hypothèque sur tous les revenus du trésor public.** Les obligations à 3 %

ne peuvent pas prétendre, qu'elles mêmes ont reçu une hypothèque spéciale sur les tabacs, mais la stipulation, qu'elles ont et auront droit d'hypothèque sur **tous les revenus** du trésor public, a l'effet, que le gouvernement **n'avait plus le droit** de donner une hypothèque à un' autre emprunt postérieur et que cette hypothèque pour les obligations du tabac n'existe **pas de droit,** dans lequel cas elles **n'ont pas** une priorité avant les autres créanciers mais l'avantage d'un amortissement beaucoup plus vite, savoir en 33 ans, tandis que les autres obligations à 4 et 4$^{1}/_{2}$ % seront amorties dans le courant de 70 ans environ.

Si en effet le gouvernement a fait ou veut faire la propositon, que tous les titres extérieurs, y compris ceux du tabac, doivent recevoir 60 % en papier, il se recommande d'examiner, si les ressources du pays ne permettent pas de payer davantage.

Examinons ça dans la manière suivante:

Jusqu'à maintenant on a payé

à la dette intérieure 70 % d'environ 36 millions c'est 25,2 mill.

„ „ „ extérieure 33 % or de 58 millions

= 19 % en or, ou papier environ . 24 „

„ l'emprunt des tabacs de 250 millions l'intérêt à 4$^{1}/_{2}$ %

en or = 11$^{1}/_{4}$ mill. ou en papier environ . . . 14 „

ensemble en papier (le milreis compté à frs. 5$^{1}/_{2}$) environ 63,2 mill.

et pour l'avenir un payement unique de 60 % papier absorberait

dette intérieure . . . . 21,6 mill.

„ extérieure . . . . 35 „

„ des tabacs . . . . 7 „

c'est presque exactement la même somme . 63,6 mill.

seulement distribuée autrement. Les amortissements n'y sont pas compris.

Mais une telle proposition quoiqu'elle mettrait fin au grand tort de payer plus à la dette intérieure qu'à la dette extérieure, ne me semble pas recomandable, parcequ'elle n'est pas suffisante pour rétablir les finances ni pour améliorer la position économique du Portugal.

Une preuve de la confusion actuelle en Portugal est donnée par la proposition d'offrir aux créanciers de la dette étrangère outre les 33 % encore la moitié du surplus des recettes des douanes, quand ces recettes dépassent 11,4 millions de milreis. Les porteurs des titres de la dette extérieure seraient des fous, s'ils agréaient à rendre leur droit aux $66^2/_3$ % non payés, pour une telle promesse fabuleuse. On sait très bien, que le gouvernement ne s'oblige pas et ne peut pas s'obliger, que les tarifs présents pour l'importation, qui sont très hauts pour beaucoup de marchandises, seront maintenus pour toujours et que les créanciers n'ont pas la moindre puissance, à fixer et surveiller les tarifs et les rendements de la douane, qui a rapporté selon les journaux l'année passée non seulement aucun surplus de 11,4 millions, mais beaucoup moins. Mai si en effet, malgré ces graves objections il y avait un surplus d'un million de milreis, la moitié serait seulement environ 2 millions de francs, pendant que la déduction des $66^2/_3$ % fait presque 39 millions de francs, de manière que même dans un cas tellement heureux, mais tout-à-fait invraisemblable, les créanciers recevraient seulement $^1/_{20}$ième de ce qu'on leur aurait enlevé.

Pour venir à un assainissement des affaires économiques et financières en Portugal il faut de claires et de' justes mesures et un plan prévoyant, car autrement il me semble tout-à-fait impossible d'atteindre le rétablissement du crédit, l'équilibre du budget et le développement des riches ressources du pays.

Car la débâcle financière du Portugal est si honteuse, qu'elle n'éxiste pas une pareille dans l'histoire financière du siècle. Sans l'excuse de graves guerres ou de révolutions, — car ce pays jouisse de la paix de plus de 50 ans, sans l'excuse même à cause de la crise en Brésil (car le Brésil a continué à payer ses intérêts), seulement par suite du mauvais emploi des monnaies publiques, des emprunts exagérés, qui ne servaient pas à développer les ressources du pays, les gouvernements antérieurs du Portugal ont causé la présente misère économique et compromis l'honneur de l'intégrité financière d'un peuple qui autrefois jouait un rôle si important dans l'histoire.

Propositions pour une réorganisation.

Comme déjà démontré, les difficultés principales existantes contre le rétablissement, sont:

a) la prime de l'or,

b) la trop grande charge de la dette au taux primitif,

c) la manière affreuse et ruineuse du gouvernement, de traiter ses créanciers,

d) l'impossibilité de trouver de nouveau crédit même pour des buts tout-à-fait légitimes et utiles, savoir pour l'amélioration de la position du pays.

De projets qui ne démontrent pas à la fois les moyens pour surpasser ces difficultés, ne peuvent pas aboutir. Je proposerai donc ce qui me paraît la meilleure solution

1) Réduction d'un tiers du capital pour la dette intérieure comme extérieure et des tabacs, de manière

qu'en rendant au gouvernement portugais gratuitement sur trois obligations **une**, les autres deux obligations doivent maintenir intégralement leurs intérêts et tous leurs droits primitifs.

2) Les créanciers ne doivent pas être forcés à accepter cette réduction, mais ceux, qui n'acceptent pas, recevront seulement un tiers de leur intérêts jusqu'à l'an 1965 où les emprunts $4^o/o$ et $4^1/2^o/o$ seront amortis.

3) Les obligations des tabacs, en rendant la troisième obligation, recevront pour celle-ci une nouvelle obligation du même montant, mais sans rapporter d'intérêts, laquelle obligation sera aussi remboursée par l'annuité des tabacs par des tirages de numéros, commençant seulement dans l'an 1926, après que les obligations à $4^1/2 \ ^o/o$ des tabacs seront amorties. Le remboursement des obligations des tabacs sans intérêt s'effectuera dans les 9 ans de 1927 à 1935.

L'annuité des tabacs maintenant de 14,25 millions de francs sera réduite par cette opération à 9,5 millions de francs, mais sa durée étendue par la cause mentionnée ci-dessus, jusqu'à 1935.

4) A toutes les obligations, sur lesquelles la troisième aura été rendue au gouvernement, le maintien de leurs droits originaires sera confirmé par une estampille et en même temps elles seront munies de nouveaux coupons.

5) L'intérêt des obligations de la dette extérieure sera payé en or sans aucune déduction, l'amortissement par tirage au pair des obligations à $4 \ ^o/o$ et $4^1/2 \ ^o/o$ continuera à fonctionner au tableau d'amortissement déjà établi et sera effectué en or.

Quant à l'amortissement des obligations des tabacs, la somme y affectée sera employée, en premier lieu à rembourser au pair en or les titres appartenants au gouvernement et déposés chez la Banque Nationale de Portugal ou appartenant directement à cette banque pour augmenter sa reserve métallique, et par cela la valeur de la valuta portugaise.

Aussitôt que cette partie des obligations sera remboursée, le tirage commencera et continuera pour les autres obligations de tabac jusqu'au remboursement complet de cet emprunt.

6) Les obligations des tabacs, comme celles de la dette intérieure rendues au gouvernement en conséquence du paragraphe 1, seront annullées de suite.

7) Les obligations de la dette extérieure, exclus des tabacs, rendues au gouvernement en conséquence du paragraphe 1, seront deposées en Trust chez l'administration des comités permanents des porteurs de la dette extérieure et peuvent être réemises ou vendues, mais seulement peu à peu et exclusivement pour des buts tout à fait légitimes et nécessaires pour l'amélioration du pays. Nulle emission ne peut se faire sans le consentement du comité permanent et cette approlation est à refuser, si le gouvernement ne prouve pas, que l'avantage pour la prospérité du pays surmonte de beaucoup la charge additionelle et s'il ne donne pas en même temps la garantie de recettes augmentées du trésor et suffisantes pour les intérêts et l'amortissement du montant approuvé.

8) Pour faciliter dans les trois premières années après la ratification de cette convention, au gouverne-

ment portugais le rétablissement de ses finances, l'amélioration de l'état économique et le payement des intérêts de la dette extérieure, les porteurs de la dette extérieure (les obligations des tabacs, les intérêts desquelles seront payées toujours et complètement en or) consentent que dans les premiers trois ans à partir du 1ier Juillet 1893 seulement la moitié de leurs coupons soit payée en or et l'autre moitié par obligations, rendues au gouvernement et réemises pour ce but, savoir

les 3 % effectivs au cours de 60 %
" 4 % " " " " 80 %
" 4¹/₂ % " " " " 90 %

de manière que dans ces trois ans, le premier coupon du l'an recevra de l'or et le second des obligations comme indiqué ci-dessus. Après ces trois ans le payement sera effectué toujours et intégralement en or.

9) Comme garantie pour tous les engagèments, pris dans la présente convention au profit de la dette extérieure actuelle, comme des obligations qui seront réemises, le gouvernement effectuera spécialement — et indépendamment des revenus généraux de la nation — dans la manière la plus efficace et demandée par les représentants de la dette extérieure.

a) Les revenus des douanes du royaume, jusqu'à concurrence de la somme nécessaire pour le payement en or des intérêts et de l'amortissement de tous les titres de la dette extérieure estampillés conformément à la présente convention.

b) L'annuité attribuée à l'emprunt de 1891, dit des tabacs, aussitôt que cette annuité deviendra libre, et conformément à cette convention au plus tard en 1935.

Motifs de ces propositions.

Comme déjà démontré, le gouvernement ne peut pas payer les intérêts entiers, il faut donc lui accorder une diminution. Cette diminution doit, pour les premiers ans être plus grande que pour l'avenir, parcequ'on peut espérer que, si le gouvernement remplit son devoir, s'il exige justement tous les taxes et impôts, s'il évite toutes les dépenses inutiles et fait des efforts pour le développement des ressources du pays, la situation s'améliorera an par an.

La diminution des charges est seulement possible par une réduction de l'intérêt, mais d'autre part, afin que les pertes des créanciers ne deviennent pas si enormes, comme elles deviendraient sans un plan clair et juste qui amène en même temps la protection des droits des créanciers et le rétablissement des finances, j'ai proposé que ceux, qui rénoncent à un tiers de leur capital, doivent pour les autres deux tiers être confirmés dans tous leurs droits primitifs. Il est vrai, que c'est un dur sacrifice pour les porteurs et d'autant plus pour ceux qui ont acheté les titres 4 % et 4¹/₂ % presqu'au pair, mais il me semble tout-à-fait impossible à réassainir la situation sans une telle opération.

En tout cas mon idée me semble bonne pour améliorer les circonstances, si on les regarde du point de vue actuel. Car les obligations à 3 % extérieures donnent maintenant seulement 1 % d'intérêt et leur cours s'est baissé à 22 %.

En rendant sur trois titres de 100 Livres un, et en gardant les deux autres confirmés à 3 %, on recevra au lieu de L. 3.—, L. 6.—, c'est le double, et espérant que

le prix des obligations confirmées pourrait bientôt
atteindre et peut-être dépasser le cours de 50°/o leur valeur
serait L. 100.— au lieu des L. 66.— du cours actuel. Quant
aux obligations à $4^1/_2°/o$, leur sacrifice de renoncer à un tiers,
est encore plus grand, parceque là les porteurs ont des
obligations amortissables et parceque pour L. 300.— en
obligations qui coûtaient dans les années 1888/89 près
du pair, ils recevront seulement un capital de L. 200.—,
mais cependant on peut espérer, que deux obligations,
qui rapportent $4^1/_2$ °/o effectifs, auront une valeur beaucoup plus grande, que trois obligations rapportantes seul-
ment $1^1/_2$ °/o effectifs, et en outre il me semble hors de
question, qu'il est plus avantageux de recevoir sur 2
obligations à L. 100.— $4^1/_2$ °/o d'intérêt effectif par an
L. 9.— au lieu de seulement L. $4^1/_2$, sur trois titres
au taux de $1^1/_2$ °/o et que, comme le cours des obligations
$4^1/_2$ °/o, a baissé jusqu'a 30 °/o à quel cours 3 obligations
à 500 francs ont une valeur actuelle de francs **450.**—,
tandis qu'on pourrait espérer qu'après le rétablissement
du crédit portugais deux obligations à francs 500.—,
rapportants $4^1/_2$ °/o d'intérêts pourraient valoir chacune
francs 350.—, ou ensemble francs **700.**—, le résultat
final, malgré le grand sacrifice, me semble donc de beaucoup préférable à l'état actuel.

Cependant, afin que ceux, qui ne veulent pas sacri-
fier ce tiers de leur capital et qui s'adonnent à l'espérance que même sans une telle mesure extraordinaire
les finances de Portugal peuvent s'améliorer et une augmentation des intérêts s'effectuer, puissent garder le capital complet, ma proposition ne fait pas obligatoire cette
renonciation et laisse tous les droits à ces créanciers;

mais tant qu'ils n'auront pas rendus la troisième obligation ils recevront les intérêts seulement à un tiers, mesure nécessaire, car si pour le sacrifice du tiers capital aucun autre avantage n'était donné sur les autres deux tiers, personne ne renoncerait · et le rétablissement proposé des finances serait impossible. — Au bout d'environ 70 ans, c'est après l'amortissement de la dette à 4 % et à 4^1/$_2$ % l'intérêt entier des obligations à 3 %, qui n'auront pas accepté ce plan, aurait à recommencer, parcequ'on peut espérer, que le budget de Portugal pourra supporter cette charge, quand cette annuité sera libre.

Il est d'une très grande importance, que pendant les prochains trois ans les charges du Portugal soient moderées, de manière que la reconvalescence espérée puisse se réaliser effectivement, et c'est aussi pour cela, que j'ai proposé de payer en or pendant cette époque seulement l'une moitié des intérêts sur la dette extérieure, (les obligations de tabac exceptées) et l'autre moitié par des obligations de la dette extérieure estampillée au taux d'intérêt effectif de 3, 4, 4^1/$_2$ % et à compter aux prix proposés, ainsi que reviendrait une capitalisation à raison de 5 %. Cette mesure, quoique défavorable pour les porteurs de la dette extérieure, mais se limitant à trois ans, n'est pas d'une conséquence assez grave, pour refuser le consentement; de plus elle est tout-à-fait nécessaire, parcequ'autrement il faudrait craindre, que les sommes, qui seraient à remettre à l'étranger, ne fassent monter la prime sur l'or, tandis que nos efforts et ceux du gouvernement portugais doivent être réunis pour le but d'améliorer la valuta portugaise, de favoriser le développement du commerce, de l'industrie et de l'agriculture du pays et de faire moins couteux le service de la dette extérieure.

Quant à l'emprunt des tabacs mon plan donne une préférence rémarquable à ces obligations par la proposition, que pour la troisième obligation rendue, les porteurs recevraient une autre obligation de la même valeur nominale, laquelle, sans rapporter d'intérêts serait remboursable par des tirages à commencer après le remboursement total des obligations des tabacs rapportantes des intérêts, de manière que le sacrifice des obligations des tabacs serait limité à un tiers des intérêts, tandis que le capital entier leur serait remboursé. Elles garderaient aussi leur amortissement plus vite que celui de l'autre dette amortissable et auraient l'avantage de recevoir aussi dans les premiers trois ans l'intérêt entier en or, pendant que les autres obligations de la dette extérieure recevraient comme proposé, dans ces trois premiers ans seulement une moitié en or et l'autre en des obligations comme designé.

En considérant les stipulations pour les obligations extérieures à 3 %, déclarants qu'elles ont **une hypothèque sur tous les revenus** du trésor, leurs porteurs peuvent tout-à-fait contester la priorité demandée par l'emprunt des tabacs et peuvent déclarer, que vu les promesses, données dans les obligations des différents emprunts de la dette extérieure à 3 %, emis avant les obligations des tabacs, le gouvernement n'avait pas le moindre droit d'accorder une telle priorité ou gage, contraire aux contrats antérieurs, qui donc ne peut pas être maintenue et que donc les obligations des tabacs peuvent demander seulement le même traitement, comme tous les autres titres de la dette extérieure. Vu ces circonstances ils n'ont plus de droit que les autres obligations à $4^1/_2$ %, dont le prix d'émission dépassait de 10 % celui des obligations des tabacs.

Si néanmoins j'ai proposé à leur accorder les avantages mentionnés, c'était pour la principale raison à maintenir le plus vite amortissement, qui leur est assuré de droit et puis parceque je pense que la valeur des autres obligations augmentera si celles des tabacs seront bientôt remboursées.

La dette intérieure ne peut pas espérer, que le payement de 70 % des intérêts continue, car les porteurs de la dette extérieure, qui ont reçu seulement $33^1/_3$ % en or, ou en comparaison 40 % en papier, ne toléront pas un tel grave tort, qui a provoqué l'indignation de toute l'Europe; par conséquent l'intérêt de la dette intérieure sera aussi vraisemblablement à reduire à 50 % en papier et alors trois obligations à 100 milreis rapporteraient seulement 4,500 reis.

Le compte de ce plan prouve, que, quoique renonçants à la troisième obligation, les porteurs de la dette intérieure continueraient à recevoir presque le même intérêt comme jusqu'ici, pendant qu'une présente egalisation entre la dette étrangère et intérieure leur donnerait beaucoup moins, même si la situation actuelle pourrait être continuée. Mais comme le rétablissement nécessaire des finances faut se faire, si le pays ne doit pas perdre toute sa prospérité et comme le traitement égal entre la dette extérieure et la dette intérieure demande, que suivant les propositions précédentes l'intérêt des obligations 3 % intérieures, n'acceptant pas cette convention et ne

rédonnant pas la troisième obligation sur deux gratuitement au gouvernement contre affirmation des deux autres
dans tout leur droit et leur intérêt intégral à 3°/o serait,
réduit à un tiers, ils recevraient alors pour trois obligations de 3 °/o, à 100 milreis chacune, par an seulement
3 milreis, pendant qu'ils recevraient en acceptant la convention **6** milreis pour les deux autres à 3 °/o effectifs, et
probablement un plus grand prix à la bourse pour les
deux obligations vraiment 3°/o que pour les trois donnant
effectivement seulement 1 °/o.

Je pense donc, qu'aussi la grande plupart de la dette
intérieure accepterait la convention, trouvant qu'elle est
ainsi recommandable du point de vue nationale portugaise,
que de celui de l'augmentation des intérêts et de la sûreté
du capital. L'espérance à recevoir après 70 ans l'intérêt
complet n'est pas du tout suffisant pour renoncer si long
à la moitié du revenu.

Comme je crois que ces propositions seront accep-
tées par la grande plupart des porteurs de la dette
intérieure et extérieure, les résultats pour le trésor public
pourraient être estimés comme suit: d'environ 1200 millions de francs de la dette intérieure, acceptation de
l'arrangement par environ 1050 qui redonneraient gratuitement la troisième obligation au gouvernement ce
qui diminuerait le montant de la dette intérieure définitivement et pour toujours de 350 millions de francs.

Quant à la dette extérieure consistant de
environ 1200 millions de francs à 3 °/o
„ 444 „ „ „ „ $4^1/_2$ °/o
„ 62 „ „ „ „ 4 °/o
je crois que la proposition serait acceptée. par

environ 1080 millions 3 %

" 420 " $4^1/_2$ %

" 60 . " 4 %

environ 1560 millions

ce qui redonnerait au trésor une valeur nominale (un tiers de 1560) de 520 millions. — Comme il faudrait une valeur nominale d'environ 75 millions de francs, pour compenser dans les premiers trois ans la moitié des intérêts de la dette extérieure non payée en or avec ces obligations, la somme restante même après ces trois ans à la disposition du gouvernement serait encore environ 440 millions de francs, avec lesquelles on pourrait espérer de faire tant d'améliorations pour le développement des ressources du pays, qu'alors l'état financier et économique pourrait être beaucoup meilleure qu'aujourdhui, de manière que Portugal avec une honnête et économique administration acrédités ne devrait plus trouver de difficultés pour le service de sa dette que d'autres états européens.

Certainement on aurait bien à surveiller, par le gouvernement portugais comme par le comité permanent de la dette extérieure, que ces fonds seraient employées seulement pour le développement réel du pays avec toutes les précautions et garanties déjà nommées sur pagina 22.

La destination, concernante ces 440 millions, me semble d'autant plus utile, parcequ'elle procurait au trésor portugais un crédit à un intérêt bien modéré, et sans augmentation de la dette extérieure, existante jusqu'ici. Quand on regarde, qu'un nouvel emprunt de seulement 100 millions, quoique garanti en premier rang sur les recettes de la douane, aurait couté pendant 15 ans une annuité de 12 millions, on verra le grand avantage d'une telle source d'un crédit au bon marché qui est indispensable pour un pays, le progrès et la prospérité duquel dépendent principalement du développement de son agriculture es de son industrie.

Mais même dans le cas que les sommes adhérantes, à la proposition, n'atteindraient pas les chiffres mentionnés, l'arrangement néanmoins peut-être effectué, parcequ'on laissera aux créanciers une dixaine d'années de temps pour se déclarer, s'ils veulent l'accepter et redonner la troisième obligation au gouvernement et ils n'auraient pas autre perte dans l'intervalle que de recevoir seulement la moitié des intérêts qu'ils auraient reçu, en ayant accepté la convention de suite, de manière de l'eventualité que seulement une part modérée l'accepterait de suite, ne causerait pas une augmentation, mais une diminuation des charges du trésor portugais.

La charge de la dette extérieure s'élevant maintenant à environ $19^1/_2$ millions de francs par an (un tiers des intérêts complets de 58 millions) ne s'augmenterait pas pendant les trois premiers ans parceque la moitié des intérêts serait payée comme déjà mentionné par une part des obligations réstituées.

Après les trois ans elle pourrait s'augmenter à peu près de 20 millions par án, mais comme la réduction de l'annuité de l'emprunt dit des tabacs y compenserait 4,75 millions, l'augmentation se limiterait à 15 millions environ mais cette somme, commençant seulement après trois ans, ne devrait pas faire de grandes difficultés, parcequ'on peut espérer qu'un part assez considérable voudrait être compensée par une réduction de la prime de l'or ce qui ferait moins couteuse le service de la dette

extérieure et que, la crise une fois finie, les affaires reviv-
ront, les recettes s'augmenteront d'une manière que, en
ajoutant la diminution des dépenses à atteindre par une
stricte économie, le pays aura probablement alors moins
de peine, de payer ce montant élevé que la présente
somme, chez une continuation de la situation actuelle
si grave et si penible.

Cette espérance est justifiée d'autant plus, parceque
la différence épargnée de l'annuité de l'emprunt tabac de
4³/₄ millions par an, comme les montants, attribués au
remboursement des obligations des tabacs, déposées par
l'état à la Banque Nationale de Portugal, commençants
de suite, rendraient de plus en plus à cette institution
le capital, à améliorer la valuta portugaise.

Il est impossible de proposer un arrangement honnête sans
une charge additionelle pour le pays, qui paie à présent à la
dette étrangère seulement un tiers des intérêts contractés.

Les créanciers ne peuvent pas tolérer un pareil
traitement et ils consentiront selon tous les sentiments
de droit et de justice seulement à un arrangement, qui
leur laisse au moins les droits exigé ci-déssus.

En proportion aux avantages, qu'on pourrait espérer
par le retour de la confiance, le développement des
ressources du pays et l'amélioration de sa position entre
les nations, l'augmentation de la charge, résultant de
l'adoption de mon plan, dont tous les détails pourraient
être reglés par une conférence, est très moderée.

En tous les cas il est prouvé par le présent travail,
que le contrat projeté entre le gouvernement portugais
et les comités doit être rejeté d'unanimité par les
créanciers de la dette étrangère, parceque

1. ce contrat protège seulement l'intérêt de l'emprunt des tabacs, qui ne peut pas demander de droit la priorité;

2. aucune garantie réelle n'a été donnée pour le service de la dette, pas même le gage sur les recettes de douane, que le gouvernement portugais avait proposé lui même l'année dernière. Le rétablissement de la junta do crédito publico, comme prouvé par l'expérience, n'est pas une garantie réelle;

3. le rétablissement du crédit portugais, de l'honneur financière nationale et du progrès économique si nécessaire, sont impossibles par un tel traitement des créanciers;

4. l'exécution du projet gouvernemental accorderait aux porteurs de la dette étrangère seulement un tiers, tandis que celle de mes propositions leur donnerait presque le double et cela sans aggraver du tout la charge dans les premiers trois ans et sans l'aggraver sensiblement après cette époque;

5. le plan projeté entre les comités et le gouvernement ne prend aucun soin pour le crédit légitime, nécessaire pour l'amélioration des ressources économiques du pays, tandis que mon plan propose pour ces buts un fonds de beaucoup de millions.

Il est donc absolument nécessaire, que les porteurs de la dette extérieure protestent énergiquement contre le contrat pernicieux, projeté par le gouvernement et les comités, et qu'ils prennent de suite toutes les mesures pour défendre leurs droits menacés.

www.ingramcontent.com/pod-product-compliance
Lightning Source LLC
Chambersburg PA
CBHW070802220326
41520CB00053B/4745